Huellas en la nada
Paquita Dipego Díaz

Colección Baños del Carmen

# Paquita Dipego Díaz

# Huellas en la nada

**EDICIONES VITRUVIO**
Colección Baños del Carmen,
nº 1076

www.edicionesvitruvio.com

Primera edición, 2026

© Ediciones Vitruvio
C/ Menorca, nº 44
28009
Madrid
Teléfono: 91 573 21 86

ediciones vitruvio, nº 1. 805
ISBN: 979-13-991477-5-9
Depósito legal: M-1316-2026

# ¿Quién puede dejar *Huellas en la nada*?

Me veo ante el acantilado de tener que escribir el prólogo del último libro de poemas de Paquita Dipego, como hace ya años me vi ante la aventura de presentar su primer libro en el Café Comercial, de Madrid, *Noches nómadas*; yo, persona de régimen diurno, siguiendo la nomenclatura mitocrítica de Gilbert Durand, pero nómada nocturno por obligaciones de la vida profesional.

Su segundo libro, *Hallazgos de lobos y de mar*, ni lo prologué ni lo presenté; aunque sí lo viví intensamente: tengo, pues, que tender ante mí un puente que me debe llevar de esas noches de lobos (en la poesía de Paquita Dipego ha habido muchas noches de lobos-¿y las sigue habiendo?) a un libro que, aparentemente, debería estar inseminado de luz (su primer poema se titula, "Las luciérnagas repiten tu nombre"): y luz hay, sin lugar a dudas, pero es una luz que de continuo se asoma al acantilado de la noche: al doble acantilado del ser-otro ("la luz en ti se enciende por la cima") y de la palabra ("por la cima de los acantilados del lenguaje") y no sé a cuál de los dos acantilados se asoma más, al ir tan unidos y al quedar (de momento) sin definir ese *ti* y ese *tu nombre*, y al no tener el lector un referente real para fijar su realidad, aunque sospechamos que empieza a ser una entidad tributaria del lenguaje: una existencia de lenguaje que nace "erguida mientras [el verso] labra el camino inmortal de tu universo"

Sobre esta dualidad intuida (ser y ser de ausencia en el amor o en la palabra) debería labrarse mi análisis crítico del libro y sobre esa dualidad, creo, deambulará el lector atento a la red de analogías y de contradicciones aparentes que esta dualidad va tejiendo – ya sea en versos en vuelo de libertad musical, ya sea de manera muy calculada en versos de musicalidad exigente, heredada, cuyo peso impone la geometría de la forma. Sólo en esa dualidad puede encontrar su razón de ser un título que se construye sobre una ausencia total, la *nada*; palabra tan querida por los místicos del absoluto intangible), capaz de acoger las marcas, tangibles, de unos pasos bien contados.

Digo esto último porque el lector curioso que, antes de leer, eche una ojeada a la organización del libro, podrá ver de manera, hoy, no muy habitual, como el libro se divide en cuatro partes si iguales, si equivalentes:

EXPLOSIÓN - PLENITUD
DECADENCIA - DUELO

en una progresión vital y semántica alarmante (de la explosión vital al duelo de la muerte) que, tal vez, al menos para algunos, el contenido profundo del libro desmienta... y, tal vez yo, sea uno de ellos.

Pero no es esta división en cuatro partes la que me interesa aquí, sino constatar que cada parte se inicia y se acaba con un bellísimo soneto: inicio, anuncio y clausura de esa parte. Esta organización perfecta podía haber resultado algo mecánica; pero algún soneto más se cuela en el interior de las partes; por ejemplo en la segunda, PLENITUD cuyo volumen impone la aparición de un soneto más, dividiéndola en partes equilibradas.

Me complazco en poner los títulos de cada uno de estos sonetos que están ahí a modo de compuerta, pues me basta con ellos para enunciar los temas más recurrentes del libro, tanto en un nivel simbólico como existencial. "Las luciérnagas repiten tu nombre", "Noviembre en desvarío", "Por amor". "Naturaleza amante", "Ojos llenos de mar", "Huellas en la nada", "Imposibilidad de la queja", "Desamparo", "Llanto por un sauce". Títulos que podríamos encuadrar con estos cuatro versos como vértices sintéticos de universo imaginario dipeguiano:

"y devengo en exacto desvarío"
"[...] pero nada / iguala la cadencia del paisaje"
"A través de la rosa y su argumento
"Pajarillo de luz, sigue tu vuelo / elevando las formas en el verso".

*1º. Desvarío existencial en búsqueda del equilibrio exacto que sólo puede dar el arte*, como trabajo y como resultado. Hermandad del poeta con el equilibrio de la naturaleza: paisaje de tierra, paisaje de mar (con el recurso puntual a alusiones musicales).

*2º. La realidad natural como metonimia de perfección.* La *flor* (rosa de los simbolistas, Mallarmé, Eliot, Juan Ramón) como meta a la que tender o en la que abdicar; aunque en un poema en articular la poeta se rebela contra ello.

"Debo olvidar del todo la estructura,
el concepto, la rima,
la métrica y el ritmo,
extirparte de un poema
creando una frecuencia que no existe.
Imagina que tregua,
que tiempo de delirio
en conjetura de la inmortalidad (*Olvidar para escribirte*)

El *vuelo* y la *natación* (movimientos rítmicos), por los espacios líquidos, musicales de la naturaleza, como metáforas de la andadura poética hacia los posibles espacios de la trascendencia simbólica (en los sentidos y en la mental).

Podría desarrollar mi presentación analítica del texto sobre estos cuatro pilares. Pero esta lectura me llevaría tal vez a invertir la dinámica 'negativista' impuesta por el orden de la aparición de las cuatro partes del libro. Además, su lectura me llevaría a recuperar el título general con el que esta experiencia de amor y de trabajo en pos de la belleza nos presenta la idea general que nos impone un título: *Huellas en la nada* En la nada o más allá de la nada, el trabajo de la escritura poética (todo arte) puede fijar las huellas de la búsqueda de la belleza —la gran ausente- capaz de darle un sentido a la nada biológica que es la vida...

Ese desarrollo, tal vez lo haga en un estudio posterior que englobaría los tres títulos (tríptico coherente) de la obra de Paquita Dipego. Sería (o será) un estudio temático estructural que no interesa, creo, a los lectores de ahora, Pues me llevaría

9

reescribirme en la lectura de Dipego, como toda crítica de identificación.

Aunque se me ocurre una primera observación crítica, tal vez intempestiva: en este último intento poético de Paquita Dipego: todo libro, en especial todo libro de poesía, el texto, además de fruto más o menos expulsado del yo por eso que se llama de manera equívoca inspiración (en cualquier caso deberíamos hablar de expiración) no es sólo un hallazgo, un resultado: es también una búsqueda, un intento laborioso de conquista de algún espacio oculto o velado para la palabra del poeta: parodiando a Wighenstein, con parodia que gustaría al Baudelaire admirador de V. Hugo (*el devorador de diccionarios*): los límites de mi lenguaje, serán los límites de mi poesía; se trata pues de ensanchar, en esfuerzo de conquista, esos límites con la ampliación de los límites de la cadencia sintáctica (la música del logos en busca de su propia cadencia) y los límites de mi fecundidad semántica, tanto en el referente directo de la palabra como en su referente metafórico y su organización en símbolo: el verbo hecho paisaje visible e invisible en palabra; pero, creando *un territorio interior* de lindes cada vez más amplio, con vocación de universo.

El trabajo poético no consiste sólo en transcribir las emanaciones del ser sino cavar en el cuerpo del yo y en el cuerpo del lenguaje, en busca de manantiales secretos.

En ésta, ya, realización verbal de Paquita Dipego, veo como una necesidad nueva que ya no se asienta en la obsesión de la experiencia real, biográfica, de la huida, como en *Noches nómadas*, ni con el balanceo entre esa obsesión que aún contamina *Hallazgo de lobos y de mar* y la necesidad de esa apertura del yo hacia el espacio cósmico y tangible, con la llegada *casi* gozosa del mar al universo imaginario de la poeta – mar real que aún asedian los lobos reales de la noche...veo, decía, una necesidad de acercarse a lo inefable del ser, pero encarnado éste en *su esencia simbólica de ser en la palabra y en las formas de las palabra*; y de una manera que, incluso en la añoranza (espacio titilante de la luz) pretende ser gozosa: una sensación placentera en trabajo de escritura según va tomando conciencia que lo *ine-fable* (al no haber sido nombrado), empieza a ser, ya, *fable* (según va encontrando, creando el verbo para decirlo.

En este libro de poemas la palabra empieza a cobrar una importancia no superior al ser, pero sí indispensable para que el ser en huida de búsqueda (ente, concepto o noción - verbo) llegue a ser ya presencia y estancia.

El primer soneto del libro es como un pórtico que se abre, partiendo de la luz secreta, mínima, como de infancia, de esos pequeños animales, antorchas intermitentes de la noche, a la luz, cada vez más evidente; luz del placer de la escritura creadora del mundo exterior y en éste del mundo del poeta. Si la *nada* cobra cuerpo luminoso, este cuerpo no le viene del mundo de las luciérnagas, sino de la palabra. No me resisto a copiar el soneto entero:

## LAS LUCIÉRNAGAS REPITEN TU NOMBRE

La luz en ti se enciende por la cima
de los amaneceres del lenguaje,
haces brotar palabras del paisaje
como ramos de flores, como rima

de belleza sonora que aproxima
el temple de la calma al oleaje,
en equilibrio exacto de coraje
y entereza serena que sublima

el tembloroso ardor de la palabra.
Pajarillo de luz, sigue tu vuelo,
elevando las formas en el verso

que te sostiene erguida mientras labra
los fecundos renglones de tu cielo
y el camino inmortal de tu universo.

Me gustaría, lector algo perverso al que le atraen los últimos poemas de los libros de poesía para ver a qué nivel de creación de la palabra ha llegado el poeta, (del mismo modo que los lectores de novela se sienten atraídos, tras conocer en conflicto del que parte la intriga, por los últimos capítulos de ésta, con el fin de ver con qué habilidad se ha resuelto el enredo de la intriga), me gustaría asentar, también, esta presentación en el análisis del último poema; otro soneto, como ya vimos; que, ya casi en el dominio pleno de la palabra y de la forma clausura el libro, como diciendo: ahí estás, tu eres mi obra en ti estoy, yo soy tu obra: los conflictos de mi creación, ese sauce desahuciado, es el centro mismo de mi obra Esa nada, ese sauce muerto que inicia la elegía de un "muñón dolorido, a ras de suelo", "raigón de su carencia", acaba siendo, un "árbol de presencia" y " en [su] renacer de nuevo entre la nada" se nos presenta como un ser al que mi palabra a convertido en vida... Y eso ocurre en el interior laboral del soneto.

Me gustaría...

Y a partir de ahí, leer todo el libro como un lírico metadiscurso sobre poder creador, salvador, *del ser Paquita Dipego* en la palabra, aunque en algún momento (una o dos veces, creo) vuelva a estar presente en el libro la sombra del lobo.

## LLANTO POR UN SAUCE

Un muñón dolorido a ras de suelo
es ahora mi sauce. Lo han cortado
y el hachazo en su herida me ha dejado
una muerte en los ojos. Desconsuelo

que llora en el vacío de ese cielo
sin verde de esperanza. Mutilado
se aferra aún a la vida y resignado
arraiga sus raíces ya sin vuelo.

Y allí, bajo la tierra, sueña y sueña
en ser otra vez árbol de presencia,
para darle sentido a la mirada

que anhela alzarse erguida y que se empeña,
en renacer de nuevo entre la nada,
retorciendo el raigón de su carencia.

Dos palabras esenciales: dos rimas esenciales (en un soneto) que condensan la intensidad de libro: *presencia* y *carencia*.

*Carencia*, la última palabra del libro que (abolida ya) lanza el telón de fondo de un sentimiento existencial fundacional del ser humano. Seres mortales, limitados en espacio y tiempo somos como un extracto de perfume de esa flor siempre viva: la carencia –la oquedad que, activada mueve toda la actividad del ser hacia su Antígona ideal, la plenitud.

Presencia el resultado del trabajo de vida de escritura y de cualquier trabajo artístico: crear; la poiesis, salvar al ser de la nada e ir creando presencias, hasta, como se decía en el soneto que iniciaba el libro un mundo de presencias, un universo, mi universo. La realidad nos ha llevado al fracaso y a la oscuridad de la "noche de Lobos". Hemos partido a la caza de *esos*, de *ese* lobo existencial que había sumido al yo en la nada; sentimos la llamada de esa mar que, en su superficie llana y limpia y en su profundidad, aparentemente vacía, no es sino *página en azul* sobre la que poder soñar, ver, proyectar y extraer de ella otra realidad, otro mundo de presencias que van emergiendo del abismo del deseo: de la carencia a la búsqueda, a la invención, de la invención a la carencia anulada: la presencia, gracias a la "belleza sonora que aproxima el temple de la calma al oleaje".

Leídos así, a bote pronto, da la impresión de que el último soneto debería ser el primero del libro y el primero el último. Sí; pudiera ser. Pero el contexto existencia y metafórico del primer soneto se asienta sobre elementos positivos anclados en el recuerdo, una presencia luminosa infantil: una luz intermitente, una experiencia de la escritura que se ve como inicio, como brotar natural. Luciérnaga y pájaro son símbolos como tradicionales de la poesía, heredado del romanticismo. El pájaro y su vuelo nos parece el origen y el motor de las formas del verso, un sueño, a través de la escritura como fenómeno natural del ser, en vez de enfrentarse a una escritura que nace en el trabajo, en el arte (*arte facere*), en la fabricación *consciente* y *responsable* (el poeta no es *mediador* ni *médium*). Muertos los dioses, muerto el Verbo el poeta es el trabajador de la palabra que con gran esfuerzo intenta sustituir a los dioses, con sus oráculos y sus profetas, según nos dice el poeta más "inspirado "y más dotado para el verso y su música del siglo XIX, Paul Verlaine, en sus tres poemas epílogo de su libro *Poemas saturnianos*.

La metáfora del cepellón con raíces del sauce, "el raigón de su carencia" que acabará por ser sauce "árbol de presencia", instala el trabajo de escritura aquí, en la tierra, que hay que remover, que hay que labrar y abona y su ascensión será lenta, trabajosa, labriega como la de Berceo, trazando verso a verso el campo, *el pago*, de la página. Entre los dos sonetos (¡qué paréntesis!) los poemas, entre recuerdos, emociones, miradas) los poemas van cogiendo y soltando esta hilada metadiscursiva que a mí me hubiera gustado estudiar en detalle.

Estamos en otro mundo poético: el que con invención y arte hemos hecho: *arte-facto* que llena las huellas, al pisar, del vacío existencial de la nada.

Javier del Prado Biezma

(Boiro, 17 de julio de 2025. Frente al mar que, masa informe, ola a ola nos invita a su constante renacer, con recuerdo de Paul Valéry).

Huellas en la nada

A mi hermano, Sebastian Dipego

A mi hijo, Albert-Xavier Dipego

A mi nieta, Iria Dipego

Con amor incondicional.

# Explosión

*Quienquiera que seas, sospecho con temor*
*que caminas por los senderos de los sueños*
Walt Whitman

## Las luciérnagas repiten tu nombre

A M.ª Jesús Mingot

La luz en ti se enciende por la cima
de los amaneceres del lenguaje,
haces brotar palabras del paisaje
como ramos de flores, como rima

de belleza sonora que aproxima
el temple de la calma al oleaje,
en equilibrio exacto de coraje
y entereza serena que sublima

el tembloroso ardor de la palabra.
Pajarillo de luz, sigue tu vuelo,
elevando las formas en el verso

que te sostiene erguida mientras labra
los fecundos renglones de tu cielo
y el camino inmortal de tu universo.

## Amanecer tardío

Lo enmascaró entre rejas
por tiempo indefinido. Decidió
hacerse inmune al desenfreno
que la palabra impone.
Se acomodó al mandato y a la norma,
equilibrio fácil de la tribu.

Nunca se permitía
la afectación insolente de los sueños.
Se miró un día al espejo
sin ver la marioneta.

Manipulado el títere
¿qué tratos ofrecía, qué permutas?
No tuvo escapatoria
cuando intuyó la rosa.

## En dudas estalló la primavera

A la memoria de Hilario Martínez Nebreda

Encumbrado en el techo de la duda,
el ser se afana en ser ¡Qué laberinto!
para hallar su morada en el recinto
de la banal certeza. Pide ayuda

al dios de la razón para que acuda
a prestarle su luz…su voz…su instinto
y le arranque de cuajo ese precinto
de ceguera del ser, en tanto anuda

con un lazo de seda las verdades
a las vacilaciones y consigue
el equilibrio exacto. No prospera

la súplica. El dios de vanidades
va ganando el trofeo que persigue.
En dudas estalló la primavera.

## Cuando la poesía vino

A Mitxel Casas

Cuando la poesía vino a preguntarme,
quién eres, hacia dónde te diriges,
me halló en cueros.
Te soy infiel,
porque me prostituyo con cualquiera.
Me paro en todas las esquinas
donde creo hallar un poco
de tu música.
Me revuelco sin pudor
con los desheredados,
diccionarios del engaño
que no abrazan tu rima.
Me desnudo en lienzos rotos,
suplicando miradas de los ciegos.
No debes perseguirme, añadí.
Indigna a pretender la rosa voy
por sendas de la nada.
Me dormí,
largamente en una estrofa,
para despertar siendo
peregrina del sueño inalcanzable
que contiene el poema nunca escrito.

## Primavera

Hoy he visto violetas en mi huerto.
Juro que ayer no estaban.
Me apresuré a escribirlo
por salvar el milagro.

## No es un poema de amor

No escribiré versos para tenerte,
diseñaré circuitos en la noche.
Para los gatos en celo y para nosotros,
que hemos colgado el futuro
como se cuelgan los hábitos.

## Memoria de tu olvido

A J.G.

Ahora ya al fin puedo
hablar desde el recodo
que reservó el olvido a tu memoria.
Ahora, el recuerdo de tu imagen
es un gesto burlesco
y ya la trayectoria de los años
semejan un mal sueño
que arramblan las cloacas a su paso
por el oscuro túnel del vacío.

Difícil te resulta, o eso creo,
cargar ese macuto fatigoso
que aglutina pecados capitales.
No voy a incrementar, no, no te inquietes
el peso en tu conciencia.
El desdén no interpreta los rencores.

Recoge algunas flores del jardín.
Eso pesa muy poco.
Sabes que me gustaban las violetas.

## Soneto de una niña tonta

A la memoria de Domingo F. Faílde

No es un soneto, no, lo que me mandas,
pero el mar es propicio a la mesura.
Mantiene, a contra luz, la compostura
y son mudas sus olas, en volandas.

Y ya que estamos puestos, y desandas,
casi el primer cuarteto, en tesitura,
prosigue, niña tonta, que es locura,
no atender a un maestro y sus demandas.

Los tercetos son siempre un desafío,
cuando emergen mil pecios tan enormes,
con su mástil de herrumbre en la memoria

para hacer de su andana un descarrío.
Y trece versos puede que transformes
y el que va a hacer catorce, ya es historia.

## Dádiva

Y vas regalando versos
en la feria de esta escaramuza,
como quien dona heridas
al enemigo.

## Olvidar para escribirte

Debo olvidar del todo la estructura,
el concepto, la rima,
la métrica y el ritmo,
y extirparte de un poema,
creando una frecuencia que no existe.
Imagina qué tregua,
qué tiempo de delirio,
en conjetura de la inmortalidad.

## Provocación al poema


Te voy a seducir y no lo intuyes.
En tu guarida, tú, desconocido.
En mi alarido, yo, loba que tiembla.

## Noviembre en desvarío

A veces pienso en ti serenamente
y te acaricio el pelo y soy tu gata
de la uña retráctil, de la pata
que se posa en tu pecho mansamente,

mientras hurga la zarpa entre la mente
de la loba que en sueños se desata
de la razón y en sus razones mata
a la cordura sin piedad. Demente

se desboca la antítesis mentida
de la loba en la gata, o viceversa
y devengo en exacto desvarío

que te busca entre llamas, atrevida,
ardiendo en el glaciar de la perversa
hoguera que jamás funde tu frío.

# Plenitud

## Por amor

Por amor he vencido yo a la muerte,
mudando la guadaña por la luna
que mengua el desespero ¡No! ninguna
agonía hará cambiar mi suerte.

Por amor al impulso de quererte,
he cortado mis venas una a una
con tijeras de pluma y la oportuna
destreza de su filo. Verte…verte

y atrapar el amor sin el lamento
del diario vivir. Por inquilina;
la alegría y su búsqueda en exceso

a través de la rosa y su argumento
en vértigo de pétalo y espina.
Que la vida, al final, consiste en eso.

## Siesta de agosto

Pudieran los sentidos
derramar por las venas
lo que no alcanza la voz ni la palabra.
Los dedos del delirio
en sortija de hiedra por el pubis
y el silencio quebrado por el clima más puro
de un allegro de Mozart.
La emoción estallando como un corcel los labios
en galope de lento recorrido
del ilusorio cuerpo del amado.

No concluye la tarde, se adormece,
agostada petunia sobre el lecho
y el reloj modifica su apariencia
y deviene en un sol interminable,
arrinconando agujas en el baúl del tiempo
y pintando paredes para que no anochezca.

## Instante de la tarde

Si estuvieras aquí,
vendría solo el mar a tu retina.
No verías los toldos amarillos,
ni a los dos operarios que se afanan
en pintar la valla en verde del jardín.
Al pájaro sí, sí lo verías
-acaba de esculpir su vuelo entre las nubes-
Los dos obreros silban, se reúnen
a fumar un pitillo
y el mar, a sus espaldas, los ignora.
Suplica un verso urgente, pero no están tus ojos
y los míos, fracaso de la tarde,
le temen al instante, fugaz como este sol
impropio del otoño.

### Sueño pretencioso

No resiste el amor sus atropellos
de enmascarado trueque de falsario.
No resiste el prefacio del envite.
No resiste las noches de estampida,
fugaz pasión del beso y el fluido.
No resiste ni el oro ni el placebo,
ni el acto simulado
que mienten en su nombre.
Resistiera, quizás, en dos miradas
entrenadas en lenta arquitectura
de edificar el sueño pretencioso
de encontrarse por fin y reinventarlo.

## Sabe el poeta

Si el poeta lo es, no en apariencia,
le resulta muy simple,
describir los encantos de una dama.
Pétalos en los muslos, los senos dos volcanes
en erupción perpetua de su boca.
Las curvas, serranías
que moldean sus manos y las trepan.
Y el vientre ¡Ay! el vientre,
cercanía total del abandono. Sabe el poeta, sabe,
que convergen mil fuegos en el vientre
y cataclismos de almíbar.
Resucita en el hueco tantas veces
que ansiará morirse cada noche.

## Naturaleza amante

A Isabel Fernández Bernaldo de Quirós

Adagio de colores. La mirada
se templa con el verde y con el oro
¿Y el rojo?… la explosión en "do" sonoro.
La belleza sinfónica alcanzada.

Y el ser quiere ser pájaro, traslada
al vuelo imaginario su tesoro
del gozo en estallido. Nace un coro
de notas en el aire, pero nada

iguala la cadencia del paisaje
y ha de callar el ser, bajar al suelo,
renegando del vuelo. La belleza

se prenda del sublime personaje
que adora recrearse ante su cielo.
Amante pura y fiel: Naturaleza.

## Utilidad de la lluvia

Es inútil que llueva sobre el mar,
como es baldío que en los ojos llueva.

¡No calmáis la sed, aguas marinas!
¡No templáis la pena, aguas de llanto!

Que llueva justo arriba
del árbol enfermizo,
que llueva gota a gota,
el tiempo indispensable
para sanar su cepa.

## La habitación sin tiempo


Me hace pequeña el mar y me pregunto
qué hago aquí, liándome un poema,
mientras tú, a diez o doce metros
inventas para mí un vuelo de gaviotas.

Me sorprendo sabiendo las respuestas.
Estoy anidando en tu memoria,
en las palabras azules que dijiste,
"te *regalo rosas porque te quiero*
*y cuando no te regalo rosas,*
*también te quiero* ".

Te escucho y no soy nombre.
La habitación no es tiempo
y tú eres el todo que me ocupa.

## Soneto por sorpresa

A Chere González Pérez

Se ha acercado un soneto hasta mi puerta
¿Te has perdido? Le he dicho. Me ha mirado
con ojos de sorpresa, se ha extrañado
de ver de par en par la puerta abierta.

Se te coló un cuarteto, estate alerta
que este viene con aires de tornado
a malmeter cuadernos ¡Será osado!
Atiende, espérate, te hago una oferta;

antes de que penetres en mi estancia,
elige con prudencia tu acomodo,
que andar con tanta rima es peligroso.

Te dejo entrar si acortas la distancia
del verso que te falta y, sobre todo,
estámpale un gran broche decoroso.

## Certeza

A Alicia Vázquez

Si percibes sin asombro
la completa certeza de las cosas
que en tus ojos adquieren su raigambre,
entonces, sólo entonces,
tendrás el anagrama de la vida
tatuado en la pupila para siempre.

No importa si llegaste jadeando
o reflejó tu rostro la frescura
de una carrera sin obstáculos.
No importa si estuviste en una cueva
con cuarenta o más ladrones,
o frotaste mil veces
la lámpara del cuento.

Estás aquí y te consta,
en el exacto punto de partida
de los que fijan rumbo
sin retorno posible.
Si urdes una estrategia
para variar la huella o la zancada,
será una mera estela en el paisaje.

## Colores nuevos

Es fácil recurrir a los poemas
ovillada en el cuenco de tus manos,
incluso si están dormidos sobre mí.

Estoy urdiendo la estrategia
para crearme de nuevo
en una apología que me inventas.

No sé si por ti muero, o, al contrario,
si resucito en ti cuando me abrazas.
En cualquier caso,
tenerte es un continuo parpadeo
de colores que tientan a la vida.

No me perdones nunca la pereza
sino conservo indemne
la ternura exacta que me das
y que el añejo trueque me ha usurpado.

## Pretensión

A Charo Guarino

Que venga a rescatarnos la palabra.
Que venga, casquivana del engaño.
Que venga, transparente de su forma
a mostrarnos el todo que la abarca.

Y que venga desnuda, como vienen
al mundo las criaturas.
Y que se abra en belleza, como se abre
un Adagio en cadencia y melodía.
Y que su paso encumbre
las voces elegidas del milagro.

Y en vuelo habrá de alzarse la palabra,
si pretende la altura
del pájaro que canta
en la rama más alta de aquel árbol
perpetuo donde vive
el don de la embriaguez.

## Tu nombre


Y vendrá la mañana a solas con tu nombre.
Arrastrarán mis manos el día con tu nombre,
con tu nombre anidando el verso en la pupila,
con tu nombre en la espera de la espera más larga.

Aún es la noche y sueño
con que los ojos vayan
al alba a visitarte
y, despiertos, los ojos,
hablen a tu mirada
y le cuenten del mar para que entiendas
que te escribí en sus brazos.

## Ojos llenos de mar

Ojos llenos de mar, un largo invierno
es lo que has heredado de la vida
y mil dudas trepando en la caída
en busca de la luz y del eterno

mensaje del amor, su sempiterno
latido te convoca, advenida
la paz para tus ojos, ya embebida
en un remanso dulce, un interno

sosiego que se crece y se aposenta
como un beso en el labio tembloroso,
como un pincel que bosqueja la ola,

como un ingenuo pájaro que inventa
su lenguaje en el canto -y es dichoso-
como el susurro de una caracola.

# Decadencia

## Huellas en la nada

A Javier del Prado Biezma


Escarbar unos versos de la nada,
porque la nada es todo lo que tengo.
Me caigo, me levanto, me sostengo
ebria de desamor. Desencajada

de mirar en la luz de la mirada
oscura de la sombra y voy y vengo.
A trompicones vago. Me entretengo
en cualquier desvarío. Estoy cansada

de perseguir las huellas de un pasado
sin tragaluz que alumbre la memoria
¡Qué negrura de largo recorrido!

Y un abismo de miedo a cada lado
y una garra en el centro de esta historia
y la turbia presencia del olvido.

## Seguir

El camino conduce hacia la niebla.
Seguir andando, llegar hasta la luz,

acaso de la nada.

## Distancia

Lo vio, sentado y viejo.
La esperaba en una estación lejos del mar,
el mar de ellos.
Un bastón del abuelo
sostenía sus manos y el cansancio.
Ella miró su rostro y no encontró los ojos,
miró su cuerpo y no encontró los brazos.
Siguió buscando, acaso, la trampa repetida,
la cegadora luz
que la hiciera volar una y mil veces
al caramelo sublime del engaño.

Edificó la ruina su memoria
en un billete cargado de regreso
y de distancia.

## Efímero

Las huellas de unos pasos en la arena
apenas saben nada de su historia.
No quieren que fabrique la memoria
un pasado de yunque o de cadena.

Solo importa el instante, la serena
mirada al horizonte, la ilusoria
fragancia de la nada, la victoria
desde el sueño imposible de la pena.

Esas huellas se irán, dejarán paso
a la ola cercana que aparece
para borrar trasiego en la aventura

de un vivir sostenido en el fracaso
de no aprender el todo que te ofrece
la esencia más vital de la cordura.

# Tregua

A Mª Luisa Gonzalez

Ocurre, sin aviso,
que se apodera de ti la incertidumbre.
El miedo, imprevisible,
no concede demoras. Entonces,
una tregua se antoja
la manera segura
de engañar al reloj.

Solo el mar te permite escalafones
y te premia el acta que edificas
en su arena caliente,
a modo de castillo de artificio.

## Negación

Todo está por decir
en su justa medida.
Desorientadas, las palabras
proyectan su acomodo
en un simposio de reservas.

Y ateridas de frío
y de ternura intactas,
declinan su fluir
ante un paisaje estéril de memoria.

El verso retrocede, temeroso
de un hablar casquivano.
Es inútil lidiar con la impostura
si las musas reniegan de su nombre
y deciden que el pensar
no devengue en poema.

## A destiempo

Vestía la apariencia de otro árbol
y nadie cercenó jamás sus brotes.
Descolgaron sus frutos a destiempo.
Mirad la superficie de su sombra,
que amontona manzanas putrefactas
golosina puntual de los gusanos.

## Añoranza artera

A Carlos Guerrero

La nostalgia le sirve de argumento
a un pasado que la memoria altera.
Nada, nada ocurrió como quisiera
y es preciso dotar al sentimiento

de un recuerdo dulzón, en un intento
de anular la verdad. Que sea artera
la añoranza de ayer y así a cualquiera
le valdrá de consuelo y de sustento.

Qué importa la evidencia de las cosas
en su veracidad y en su crudeza
si la razón da un giro interesado

y te cambia las llagas por las rosas
para desorientar a la tristeza
del ser que, triste, siempre va a tu lado.

## Insuficiencia de un violín


Leonard Cohen no fue suficiente
para estrecharte fuera de mis brazos
en una de esas tardes donde urge
el leve parpadeo de un murmullo.
El tedio presidía
el mísero declive, anticipando
la noche que no acaba
con lastimeras notas de un violín,
obstinado en encontrar la ruta de tus ojos.

Con las pocas palabras que mendigo,
con el silencio en grito que me ofreces,
descifro el idioma del mar y tu lenguaje.
¡Mi amado Mar!
¡Mi amado Tú!

## Suspendida memoria

A la memoria de R.S.

Mi soledad se niega a abandonarte.

Me derrumba tu recuerdo.
Soy incendio entre el hielo del nosotros.
Si en un lugar me esperas, ya te has ido
y me pierdo en el camino de regreso.

Pero vuelves, siempre vuelves,
disfrazado de ti y de silencio
y es inútil que tapie las ventanas,
que cierre a cal y canto los portales.

Siempre te quedas dentro

## Inutilidad de la luna

Y la noche ocurrió de todos modos,
velada de fantasmas y de espejos.
Y aunque la luna pretendía ser la misma
unión de soledades o de espasmos,
calculé mi indigencia al abordarla
y llena, tal cual era, te la di. Haz con ella
lo que hacen los amantes;
arquetipo del amor y de la fiebre,
pan de leche, dentadura o tálamo.

No me sirve la luna de mi noche.
Estalló en mil pedazos. Sus cristales
apuntaron certeros a los ojos
que, ciegos, agonizan.

## Evasión

Y si vuelves, que sea en ese espacio
tan fértil que tuvimos y que apenas duró
la eternidad de nuestra mansedumbre,
acaso algún poema agradecido.
Como sabes, nada se evade tanto
como un amor mudable
sin incómodos efectos secundarios.

## Temo

Te temo a ti, infiel escudo falso
por dejar mi corazón a la intemperie
a merced del acoso y de la herida.

Temo a las palabras que me ocultan
las otras palabras silenciadas
por los embajadores del engaño.

Temo al temor del miedo,
cuando camina apenas
un paso por delante.

Temo al plañido en llanto,
cuando es escozor apenas,
deviene en lágrima y tristeza
y estalla en sollozo y en bramido.

Y temo por si viene
un día a visitarme
¡La alegría!, la dama generosa
con su luz de colores olvidados.
Temo que venga por sorpresa
y no me encuentre en casa.

## Invasión de la luz


Tras una noche en vela se despierta
del insomnio.
Enfrentarse a la luz es como un reto.
Habrá de conducir su itinerario
al perfil más real de la existencia.

Sin embargo (...)

La memoria no admite claridades
y persiste en la noche apasionada,
apretando una venda al tragaluz

que falsea las formas del delirio.

## Error en vuelo


Volar, alas a tientas,
anidando en la duda de aquel árbol primero
con pretensión de roble.

Y era frágil mimbrera,
con tiernos brotes cortos
que apenas sostenían
algún débil gusano.

## Celadas en el aire


Se pierde de la esencia. No discurre
su vuelo en trayectoria
precisa hacia la meta.
Paralizan su búsqueda
diáfanos espectros
que van cobrando formas imprecisas.

No hay ala que resista
el presidio del aire.

## Cansancio

Ocurre de repente.
El tránsito al otoño de la vida
es un instante, apenas.
Y no te diste cuenta. Estabas ocupada
en lo trascendental de la existencia:
cómo aspirar la alfombra,
ir al supermercado,
o cuadrar con el banco las facturas.

Sin embargo, de pronto
te sientes muy cansada
-hay que juntar motivos para tanto cansancio-
y buscas ese instante y le interrogas.
El silencio levanta su telón y te muestra:
la muñeca desnuda amputada de brazos,
el experto cuchillo que rompe corazones,
el cielo de unos ojos cerrados para siempre,
un campo de violetas arrasado
y el saqueo ulterior del bandolero

Ya tienes las respuestas
del instante a la herida que nunca cicatriza.
No queda más remedio que alojarla
en un rincón del pecho y que se duerma
-acaso supurando-
hasta el final del viaje.

## Imposibilidad de la queja

Tanta queja que apunta al alarido
se atraganta al salir de mis entrañas;
ovillo tejedor de telarañas
que enreda del poema su sentido.

Si pudiera gritarlo en un sonido
y yo decirle a un verso ¿no te extrañas
que, con toda tu argucia, con tus mañas
estés muerto? –o acaso estás dormido–

Y el verso no responde. Me enfurezco
porque ahora mismo hay un gorrión que canta
y Bach suena en su Adagio más hermoso.

Es condena saber que no merezco
que me desgarre un ¡Ay! en la garganta
y me drene del verbo doloroso.

# Duelo

*Dad palabra al dolor:*
*el dolor que no habla gime en el corazón*
*hasta que lo rompe.*
William Shakespeare

## Desamparo

Navega la esperanza en busca de aquel faro
que ha de menguar la noche. Temerosa naufraga
por los acantilados de alguna estrella vaga
que no encendió su luz ¡Maldito desamparo!

que trunca la alegría y no pone reparo
en sentir el contacto cercano de la daga
arrasando las flores. El sol, mustio, se apaga
de ver el campo yermo. El llanto con descaro

estalla en alarido y el ser enloquecido
tropieza, desespera…se endereza, no acierta
a ver en la ceguera de sus ojos en llamas (…)

¿Por qué todo está oscuro? ¿Por qué ya ha anochecido?
¿Dónde quedó la risa? ¿Acaso estará muerta?
Y tú, amor, si es que fuiste; ¿Por qué ya no me amas?

## La muerte cotidiana

Me salva la palabra de los otros
que sufrieron por mí las longitudes
exactas de la herida.
Simétrico el dolor en cada verbo
altera mis renglones sin saber
morir como es debido.
Morir para seguir muriendo,
siempre,
y así resucitar día tras día,
más despierta de vida, menos muerta.
Hay que saber morir y renacerse
cien veces cada instante si es preciso.
La muerte cotidiana se presenta
como única elección para la vida.

## Clamando un duermevela

Ella nunca dormía.
Iba detrás de los silencios
gritándoles su nombre.
Pero la noche jamás le devolvió respuestas,
sólo visiones negras, más negras que la noche.

Clamaba un duermevela para tenerlo en sueños,
para sentir sus manos, como otras veces... tantas.
Acudían demonios diciendo obscenidades,
la encerraban en sitios cada vez más pequeños.

Cuando ya el corazón no tenía cabida
en las rejas del delirio,
un buitre carroñero de locura
lo devoró de cuajo.

## Frío, niebla y nieve

No teme al frío que vendrá
con su mortal quijada
a morder el aliento.
Ni tampoco a la niebla
que todo lo transforma
en ceguera y en nada.
Ni siquiera a la nieve,
falseando su aspecto,
con su manto de pluma muerta en hielo.

Su temor verdadero
es el miedo y su garra
cuando el llanto aparece
y deviene en bramido.

En medio de la noche,
no paran de caer enormes copos
con la intención fatal de ser sepulcro.

## Indefensión

A Katy Parra

Los incautos no saben
de la inanición entre los ojos.
Sucede que un residuo,
una deformación en los espejos
que otrora nos guiaran
se tornan añicos en la frente.
Proclamo
la total indefensión en la mirada,
el silencio como un himno,
el escombro al final del pasadizo,
las manos sosteniendo el desespero
y un abismo piadoso
que acuda voluntario a socorrernos.

## Muerte en ficción de un buitre

Al buitre que de noche me atormenta,
lo cojo con furor por la garganta
y aprieto su agonía mientras canta
un réquiem moribundo. Se lamenta

y crece su estupor…llora…se enfrenta
al puñal de mis ojos ¡Cómo aguanta!
El reto en la mirada. Se agiganta
la furia de la lucha en tanto aumenta

la presión de mis manos en su cuello,
que aborta un estertor. Su garra cede.
Acierta mi intención y en el acierto

me pregunto si ha sido un descabello
¿O fue acaso delirio, o es adrede? (…)
Pero no hay vuelta atrás. El buitre ha muerto.

## Laberinto al vacío

La tristeza llegó por la mañana
a adulterar con ira la sonrisa,
a pintar de negrura los geranios,
a censurar el sol y las canciones.

Y atacó como atacan los cobardes,
por la espalda y con ánimo de lucro.
.
La calle semejaba un laberinto
de múltiples salidas
que conducían todas al vacío.

## Palabras

¡No vuelvas, no, no vuelvas!
Sabes que las palabras
encierran su universo.
Que mentir a un gorrión es harto inútil.
El cielo es el que manda
y tuerce el recorrido.
El vuelo se aniquila
y una prórroga de argucias
invierte el aleteo hacia el vacío.
No vuelvas, ya no espero
de ti la consecuencia
de aquel viaje tan largo
que iba a conducirnos, me decías,
a un puerto que jamás se ha construido.

## Morir... resucitar

A la memoria de Elvira Daudet

Y esta muerte diaria que me mata
y este resucitar al que me obligo,
me tensan la conciencia como un mimbre
en un ir y venir de transiciones.
Me encandila el ascenso hacia la copa
del encumbrado árbol y me quedo,
cantando, quieta allí, como un ruiseñor canta
en lenguaje heredado a la alegría.
Y me obligo a vivir...vivir...vivir
en esa plenitud que nada teme.

Y era ficción en vuelo, era un instante
tan fugaz que se ha ido y ya no vuelve,
si no es en otro sueño imaginario.
Desciende la amargura con su daga
a trazar espirales por la sima
del lento recorrido de las horas
que se miden por muertes y retornos.

## El templo de la duda


Estaba predispuesta al autoengaño,
a creerse el embuste
simulado tras velos de lo cierto.

El templo inacabable de la duda
prolongaba insistente los andamios
elevando escaleras infinitas
con puertas al vacío.
Columnas multiformes
sosteniendo el espanto.

Y el alarido ronco
de un órgano maldito
bramaba la verdad desde la cripta.

## Madre

Cada día más sola,
huérfana más cada día.
Invoco tu presencia en la forma que quieras.
Puedes venir abrazo,
puedes venir sollozo,
puedes venir silencio.
Como quiera que vengas
espero que me salves de no morir un día,
peregrina del mundo deshecho a mi medida.
Desciendo la escalera con mi loca cordura,
tal como tú me hiciste.
Delirio que pretende
encontrar asidero.

Nunca hubo tanta madre
en temblor concentrada,
ni el perdón ha sabido
pedir tantos perdones.

## Razón para verter el llanto

Buscar una razón de la tristeza.
Una razón de cuenco, para verter el llanto.
Que no se desparrame en las orillas
de acantilados muertos que persisten
en exhumar el vértigo.
Que nunca se detenga en la cabaña
donde la sierpe aquella
mudó la piel y la dejó de alfombra.
Que no se pierda en laberintos de aire,
contaminada en polen
de una jungla salvaje.

Apresar la tristeza, darle forma;
de razón, de verdad o desespero.

## Penetración de la tristeza

Y te fijas en mí y me señalas,
con tu dedo maldito me arrinconas
a la araña invisible de lo oscuro.
Se derrumba el futuro con su carga
de certero profeta de la angustia.
Derramada en el nido de mis ojos,
para que el llanto anegue
la flor de la alegría.

No te llamé, viniste,
a segar mis otoños
con la guadaña de la desmemoria.

¿Qué vas a hacer de mi
cuando llegue el invierno?

## Llanto por un sauce

A Teodoro García

Un muñón dolorido a ras de suelo
es ahora mi sauce. Lo han cortado
y el hachazo en su herida me ha dejado
una muerte en los ojos. Desconsuelo

que llora en el vacío de ese cielo
sin verde de esperanza. Mutilado
se aferra aún a la vida y resignado
arraiga sus raíces ya sin vuelo.

Y allí, bajo la tierra, sueña y sueña
en ser otra vez árbol de presencia,
para darle sentido a la mirada

que anhela alzarse erguida y que se empeña,
en renacer de nuevo entre la nada,
retorciendo el raigón de su carencia.

# ÍNDICE

# Decadencia, 47

# Duelo, 67

Ediciones Vitruvio

Colección Baños del Carmen

Últimos libros publicados:

Las flores del mal, de Charles
Baudelaire

En mi cuaderno de viaje, de
Carmen Maga

Declaración jurada, de Manuel E.
Castillo

Siempre Domingo, de Pascual
García

Escribir Silencio, de José A.
Alfonso

Ciento cincuenta voltios, de David
Alberti

Que nada se olvide, de Álvaro
Fierro Clavero

Ayer es mañana, de José Elgarresta

Y ahora sorpréndeme, José Ramón
Silva

Playa sin mar, de Eduardo Crespo

El mar mientras duerme, de
Santiago Gómez Valverde

Madame Podeva, de Natalia Ruiz-
Poveda

El hombre que alimentaba su alma,
de Sergio Macías

A la tarde, de María Paz Otero

La ingravidez que somos, de
Antonio Ríos

La ilusión del indulto, de David
Minayo

El vigor, de Leonardo David
Segado

Balcones azules, de varios autores

Música Rusa, de William
Jonhsnton

El lenguaje del número, de Juan
Pedro Carrasco

Doce voces, una voz, de Jaume
Mesquida

Memoria del frío, de Ricardo Ruiz

Acceso a la vida, de María José
Pérez Grange

La fama pregonera, de Jesús
Mauleón